VENTE

Du Samedi 5 Décembre 1891

A TROIS HEURES

HOTEL DROUOT — SALLE N° 1

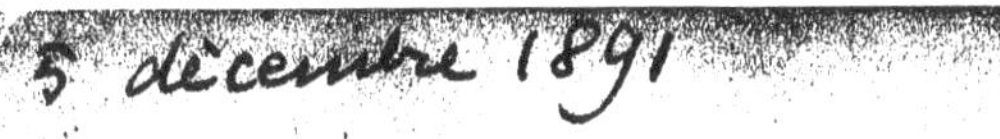

26

TABLEAUX

DE

L'ÉCOLE MODERNE

EXPOSITION PUBLIQUE

Le Vendredi 4 Décembre 1891

De 1 heure à 5 heures 1/2

IMPRIMERIE MAULDE ET RENOU

—

A. MAULDE & Cⁱᵉ

IMPRIMEURS DE LA COMPAGNIE DES COMMISSAIRES-PRISEURS

Rue de Rivoli, 144. — Paris

CATALOGUE

DE

26
TABLEAUX MODERNES

PARMI LESQUELS

Trois Paysages remarquables de COROT

ET AUTRES ŒUVRES DE

J. DUPRÉ, Eug. ISABEY, Ch. JACQUE

Anastasi, H. Baron, Guillemin

Maisiat, B. Masson, Palizzi, Sain, Tournemine, etc.

Provenant de la Collection de M. N***

DONT LA VENTE AURA LIEU

HOTEL DROUOT, SALLE N° 1

Le Samedi 5 Décembre 1891

A TROIS HEURES

COMMISSAIRE-PRISEUR	EXPERT
Mᵉ Eug. THOUROUDE	**M. Eug. FÉRAL**, Peintre
Rue Le Peletier, 32	Faubourg Montmartre, 54

Chez lesquels se trouve le présent Catalogue

EXPOSITION PUBLIQUE

Le Vendredi 4 Décembre 1891, de 1 heure à 5 heures 1/2

PARIS — 1891

D 5417

CONDITIONS DE LA VENTE

Elle sera faite expressément au comptant.

Les Acquéreurs paieront, en sus des adjudications, CINQ POUR CENT applicables aux frais de la vente.

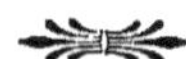

A. MAULDE et Cⁱᵉ, imprimeurs de la Compagnie des Commissaires-Priseurs,
rue de Rivoli, 144.   5oo—19414

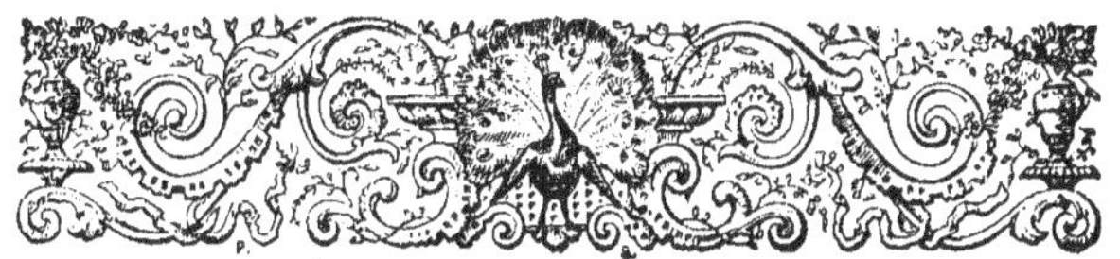

Désignation

TABLEAUX MODERNES

ANASTASI (Auguste)

1 — *Paysage. — Effet de neige.*

Une grande route bordée de peupliers. Au premier plan, des arbres coupés et deux femmes faisant des fagots.

Soleil couchant.

Signé à gauche et daté 58.

Bois : H. 0^{m}3o. L. 0^{m}5o.

ANASTASI (Auguste)

2 — *Ferme en Normandie.*

Elle est située sur la lisière d'un bois.
Des femmes lavent du linge au bord d'un
cours d'eau.

Signé à gauche et daté 58.

Bois : H. 0^m30. L. 0^m42.

ANASTASI (Auguste)

3 — *Paysage hollandais. — Soleil couchant.*

Au centre un moulin au bord d'une rivière
traversée par un pont de bois où se trouve une
paysanne. Au premier plan, quelques vaches.

Signé à gauche.

Bois : H. 0^m24. L. 0^m40.

BARON (Henri)

4 — *Jeune Femme cueillant des fleurs.*

Signé à droite.

Bois : H. 0^m23. L. 0^m15.

COROT C.).

5 — *Site d'Italie. — Effet de soleil levant.*

Une légère rosée couvre le sol ; les arbres, noyés dans les vapeurs du matin, se détachent sur un ciel brillant semé de légers nuages. Vers le fond, sur une colline, des construc-tions en forme carrée ; au centre, une femme portant une corbeille sur la tête ; à droite, un paysan et une vache.

Très remarquable tableau, de la plus belle qualité.

Signé à gauche.

Toile : H. 0ᵐ38. L. 0ᵐ55.

COROT (C.).

6 — *Bords de rivière.*

Elle coule entre deux collines boisées. Un batelier, en bonnet rouge, aborde sur la droite près d'un massif de grands arbres.

Vers le fond, le clocher d'une église. Le ciel lumineux est coupé par des nuages entre les-quels on aperçoit le croissant de la lune.

Très beau tableau du maître.

Signé à gauche.

Toile : H. 0ᵐ38. L. 0ᵐ6o.

COROT (C.).

7 — Pâturage.

Des vaches paissent dans une prairie entourée de grands arbres. Une percée laisse voir un étang.

Fin et charmant tableau.

Signé à gauche.

Toile : H. 0^{m}25. L. 0^{m}39.

DUPRÉ (Jules)

8 — Pâturage près de l'Isle-Adam.

Des vaches paissent ou se reposent près d'une mare ; au centre, deux saules au feuillage touffu se détachant sur un ciel nuageux.

Signe à droite.

Bois : H. 0^{m}27. L. 0^{m}40.

GUIGNET (Adrien)

9 — Arabes en voyage.

Signé à gauche.

Toile : H. 0^{m}22. L. 0^{m}31.

GUILLEMIN

10 -- *Intérieur breton.*

Signé à droite.

Bois : H. 0^m12. L. 0^m18.

HOFFER (Henri)

11 -- *Les Romains de la décadence.*

Fragment du tableau de Couture qui est au Musée du Louvre.

Toile : H. 0^m12. L. 0^m16.

ISABEY (Eugène)

12 — *Intérieur d'Église.*

Trois religieuses prient auprès d'un reliquaire surmonté d'un Christ, à côté, un grand candélabre. Sur la droite, dans la pénombre, un cardinal assis; à gauche, une porte cintrée avec escalier de pierre. Des tableaux sont accrochés aux murs, éclairés par une fenêtre.

Remarquable tableau de l'artiste.

Signé et daté 59.

Toile : H. 0^m65. L. 0^m50.

ISABEY (Eug.).

13 — *Plage.*

> Des pêcheurs profitent de la marée haute pour hisser leurs bateaux sur un monticule sablonneux.
>
> Vers le fond, de hautes falaises éclairées par un soleil doré.
>
> Signé et daté 1855.
>
> Toile : H. 0m33. L. 0m55.

JACQUE (Charles)

14 — *Cour de Ferme.*

> Quelques moutons sont groupés près d'un mur éclairé par un vif rayon de soleil; un coq et des poules sont auprès. A gauche, un hangar où se trouvent un baquet, un balai de bouleau et autres ustensiles.
>
> Signé à gauche.
>
> Bois : H. 0m18. L. 0m38.

MAISIAT (J.).

15 — *Fleurs.*

> Des roses de différentes couleurs dans une coupe montée en bronze posée sur une table.
>
> Signé à droite et daté 1857.
>
> Bois : H. 0m37. L. 0m45.

MAISIAT (J.).

16 — *Fleurs printanières.*

Des violettes et des primevères au pied d'un
monticule couvert de mousse et d'arbrisseaux.

Signé à droite et daté 1857.

Toile : H. 0^{m}53. L. 0^{m}45.

MAISIAT (J.).

17 — *Baigneuses étendues au bord d'un cours
d'eau.*

Signé à droite.

Bois : H. 0^{m}16. L. 0^{m}22.

MARILHAT (Genre de P.).

18 — *Cour de Maison arabe.*

Signé du monogramme.

Toile : H. 0^{m}54. L. 0^{m}45.

MASSON (Bénédict)

19 -- *Gaulois combattant dans un site sauvage
entouré de rochers.*

Signé à gauche.

Toile : H. 0^m50. L. 0^m80.

MASSON (Bénédict)

20 -- *Gaulois combattant.*

Signé à gauche.

Toile : H. 0^m45. L. 0^m37.

PALIZZI

21 --- *Moutons au repos sous la garde d'un
petit Berger.*

Signé à droite.

Bois : H. 0^m24. L. 0^m36.

PALIZZI

22 — *Chèvres et Moutons au pied d'une colline.*

Signé à gauche.

Bois : H. 0ᵐ22. L. 0ᵐ16.

PARISY (Eugène)

23 — *Un Melon entamé dans un plat posé sur une table près d'un pot en faïence.*

Signé a gauche.

Toile : H. 0ᵐ36. L. 0ᵐ53.

SAIN (Édouard)

24 — *Les petits Bateliers.*

Un groupe d'enfants entourant une mare où ils ont mis un bateau qui ne peut tarder à faire naufrage.

Signé à gauche.

H. 0ᵐ41. L. 0ᵐ58.

TOURNEMINE (Charles de)

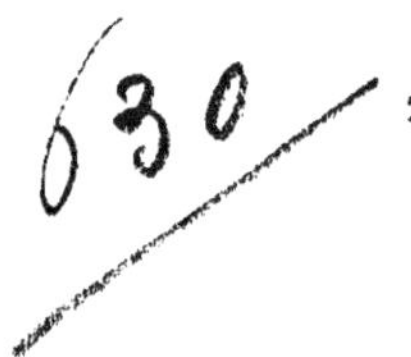

25 — *Vue d'Orient.*

Une plage où deux bateaux sont jetés sur le sable. Au second plan, une ville entourée de remparts baignant dans la mer ; sur la gauche, des cavaliers.

Toile : H. 0^{m}55. L. 1^{m}00.

VILLEVIEILLE

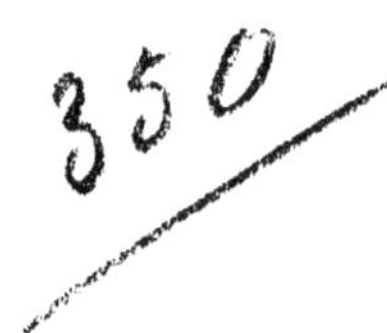

26 — *Les bords de la Seine, près l'île Saint-Ouen.*

Signé à droite.

Toile : H. 0^{m}21. L. 0^{m}32.